HAT-GRIN LE CHAT-RIVARI LE CHA
HAT-PARDEUR LE CHAT-BICHOU L
TEIGNE LE CHAT-MAILLEUR LE CH
E LE CHAT-RABIA LE CHAT-PLIN LE
HAT LE RAT-DIN LE RAT-CHAT LE RAT-MOLLI LE PIE-
LA RAIE-PIE LA RAIE-NETTE LE POU-BELLE LE POU-
PIE-PELETTE LE LOUP-BARD LE LOUP-PHOQUE LE
LUMEAU LE CHAT-GRIN LE CHAT-RIVARI LE CHAT-
CHAT-PON LE CHAT-PARDEUR LE CHAT-BICHOU LE
T-LOUPE LE CHAT-TEIGNE LE CHAT-MAILLEUR LE
RADE LE CHAT-PITRE LE CHAT-RABIA LE CHAT-PLIN
RENTAIS LE PAS-CHAT LE RAT-DIN LE RAT-CHAT LE
A RAIE-PUBLIQUE LA RAIE-PIE LA RAIE-NETTE LE
A PIE-SANS LIT LA PIE-PELETTE LE LOUP-BARD LE
HA-CHA LE CHAT-LUMEAU LE CHAT-GRIN LE CHAT-
E CHAT-OURS LE CHAT-PON LE CHAT-PARDEUR LE
MALOT LE CHAT-LOUPE LE CHAT-TEIGNE LE CHAT-
T-TERTON LE CHAT-RADE LE CHAT-PITRE LE CHAT-
HAT-TELAIN LE CHAT-RENTAIS LE PAS-CHAT LE RAT-
BEUR L'ÂNE-THON LA RAIE-PUBLIQUE LA RAIE-PIE
INT LA PIE-JAMA LA PIE-SANS LIT LA PIE-PELETTE
HAT LE CHAT-CHA-CHA LE CHAT-LUMEAU LE CHAT-
E CHAT-MOT LE CHAT-OURS LE CHAT-PON LE CHAT-
LENT LE CHAT-MALOT LE CHAT-LOUPE LE CHAT-TEI-
RUE LE CHAT-TERTON LE CHAT-RADE LE CHAT-PITRE
PELÉ LE CHAT-TELAIN LE CHAT-RENTAIS LE PAS-CHAT
E THON-BEUR L'ÂNE-THON LA RAIE-PUBLIQUE LA
POU-SAINT LA PIE-JAMA LA PIE-SANS LIT LA PIE-
ANGE L'ENTRE-CHAT LE CHAT-CHA-CHA LE CHAT-
LE CHAT-TOUILLE LE CHAT-MOT LE CHAT-OURS LE
T-LUTHIER LE CHAT-LENT LE CHAT-MALOT LE CHAT-
OGNARD LE CHAT-RUE LE CHAT-TERTON LE CHAT-
HAT-PITEAU LE CHAT-PELÉ LE CHAT-TELAIN LE CHAT-
MOLLI LE PIE-THON LE THON-BEUR L'ÂNE-THON LA
LE LE POU-LAID LE POU-SAINT LA PIE-JAMA LA PIE-
UE LE LOUP-ANGE L'ENTRE-CHAT LE CHAT-CHA-CHA
HAT-HUT LE CHAT-TOUILLE LE CHAT-MOT LE CHAT-
U LE CHAT-LUTHIER LE CHAT-LENT LE CHAT-MALOT
CHAT-ROGNARD LE CHAT-RUE LE CHAT-TERTON LE
N LE CHAT-PITEAU LE CHAT-PELÉ LE CHAT-TELAIN LE
LE RAT-MOLLI LE PIE-THON LE THON-BEUR L'ÂNE-
LE POU-BELLE LE POU-LAID LE POU-SAINT LA PIE-
LE LOUP-PHOQUE LE LOUP-ANGE L'ENTRE-CHAT LE

DANS LA MÊME COLLECTION

Joël Martin • Rémy Le Goistre :

LA VIE DES MOTS, L'AMI DES VEAUX
Le premier livre de contrepèteries pour tous

L'ART DES MOTS, L'EAU DES MARES
Mes premières contrepèteries

CONTREPÉTINES
Comptines en contrepèteries

DES PRÉNOMS FOUS, FOUS, FOUS
500 contrepèteries avec vos prénoms

Jean-Hugues Malineau • Pef

DIX DODUS DINDONS
Le trésor des virelangues françaises pour tous

Jean-Hugues Malineau • Véronique Deiss
LES CHARADES

Michel Piquemal et Gérard Moncomble • Fernando Puig-Rosado
LE DICO DES MOTS RIGOLOS

Denys Prache
LE GRAND LIVRE DES RÉBUS

Jérôme Duhamel • Véronique Deiss
LE GRAND LIVRE DES DEVINETTES

Michel Piquemal et Daniel Royo • Rémi Malingrëy
LE DICO RIGOLO DES EXPRESSIONS
De Achille à Zigomar

Jean-Hugues Malineau • Emmanuel Kerner
DRÔLES DE POÈMES POUR LES YEUX ET LES OREILLES

Jean-Louis Beaucarnot • Diego Aranega
D'OÙ VIENT TON NOM ?
Tout savoir sur les noms de famille

Denys Prache • Nicole Claveloux
MESSIEURS POUBELLE, SANDWICH & CIE
Histoire des noms propres devenus noms communs

22, rue Huyghens - 75014 Paris
www.albin-michel.fr
Loi 49956 du 16 juillet 1949
sur les publications destinées à la jeunesse
Dépôt légal : premier semestre 2003
N° d'édition : 12750 – ISBN : 2-226-14059-X
Imprimé en France par Pollina, à Luçon. N° L88602

Jean-Hugues Malineau

POUR MICHAEL

D. MAËS
MARS 2003

Illustrations de Dominique Maes

CHATS MOTS

Albin Michel Jeunesse

MOTS

PRÉFACE

Pas besoin de fusil, d'arc, de flèches ou de fronde pour aller
à la chasse aux animaux extraordinaires que je vous propose
de capturer.Il suffit de votre mémoire, de votre vocabulaire,
éventuellement d'un bon dico et surtout de votre humour !
Dans un premier temps, il s'agit d'établir une liste de tous
les animaux existants dont le nom se compose d'une syllabe
unique. Je suis personnellement parti des mots : chat, loup,
rat, raie, thon, pou et pie ; mais il en existe beaucoup d'autres
et nous vous en suggérons quelques-uns dans ce livre.
En second lieu, on cherche tous les mots qui commencent par
cette syllabe (l'orthographe n'importe pas, seul le son importe)
ou qui plus rarement se terminent par cette syllabe
(voir l'entre-chat).
On conserve alors dans son bestiaire les animaux les plus curieux,
les plus cocasses ou simplement ceux qui peuvent nous inspirer
une description amusante. Les animaux les plus intéressants
seront souvent ceux dont le nom est composé de deux mots
réels ayant une signification propre (le chat-loupe ou chaloupe ;
le pou-laid ou poulet ; le chat-pitre ou chapitre ...). Parfois
le mot propose trois significations animales différentes, ce qui
rend le jeu plus compliqué mais plus intéressant encore (l'âne-thon ou hanneton ; la pie-thon ou python). On peut enfin
imaginer les caractéristiques des étranges animaux ainsi rencontrés, inventer leur mode de vie, les décrire aux copains ou
aux copines, ou même écrire un petit poème à leur sujet.
C'est ce que j'ai essayé de faire ici pour vous amuser,
dans le même esprit de ce qu'avait réalisé jadis le dessinateur
avec ses crayons. À vous de jouer maintenant avec les mots
et les sons en explorant la richesse de notre faune linguistique
et de constituer votre zoo d'animaux fantastigres et tapirobolants.

Bonne chasse et bon amusement !

Jean-Hugues Malineau

L'ENTRE-CHAT OU ENTRECHAT

Plus que tout autre chat, agile
Ce chat marcherait sur un fil.
Curieux ami des petits rats
Le soir il danse à l'opéra.

• Un entrechat est un saut en danse classique où les pieds se croisent rapidement.

LE CHAT-CHA-CHA OU CHA-CHA-CHA

Cousin germain de l'entre-chat
Il danse aussi le cha-cha-cha
Mais de formation moins classique
Il suit simplement la musique.

• Le cha-cha-cha est une danse d'origine mexicaine dérivée de la rumba et du mambo.

LE CHAT-LUMEAU OU CHALUMEAU

Grand frère de la chalumette
Ses yeux de feu brillent la nuit
Il met le feu à vos pommettes
À votre cœur, à vos ennuis.

• *Le chalumeau est un outil qui produit et dirige un jet de gaz enflammé.*

LE CHAT-GRIN OU CHAGRIN

Très solitaire et mélancolique
Ce n'est pas parce qu'il a la colique
Que ce chat pleure dans ses moustaches.
C'est plutôt par manque d'attaches.

• *Le chagrin est un sentiment qui provient d'une contrariété, d'une déception...*

LE CHAT-RIVARI OU CHARIVARI

Il exagère, vraiment ce chat charrie
Dit le maître du charivari.
Du premier au dernier décan
Il fait vraiment trop de boucan !

•Le charivari est un bruit discordant.

LE CHAT-HUT OU CHAHUT

Cousin du chat-rivari
Le chat-hut fait du tintouin
Miaule, casse, griffe et crie.
De repos, il n'en prend point !

•Le chahut est une agitation bruyante.

LE CHAT-TOUILLE OU CHATOUILLE

Quand on caresse les coussinets
D'un chat-touille racé et bien né
On déclenche ses éclats de rire
Et sous son ventre, c'est trois fois pire.

• *Une chatouille est une caresse qui provoque un rire convulsif.*

LE CHAT-MOT OU CHAMEAU

Le chat-mot est un chat du désert
Qui bosse deux fois plus qu'un dromadaire.
Deux jeux de mots par miaulement
Il déblatère à tout moment.

• Le chameau est un mammifère à deux bosses.

LE CHAT-OURS OU CHAOURCE

Quand il hiberne sous l'édredon
Ce chat se régale de frometon.
Devant le feu et près des bûches
On l'imagine même en peluche.

• Le chaource est un fromage fabriqué en Champagne.

LE CHAT-PON

Curieusement ovipare
Ce chat venu de nulle part
Porte plumes jusqu'au menton.
On s'en nourrit au réveillon.

• Un chapon est un jeune coq châtré.

LE CHAT-PARDEUR OU CHAPARDEUR

Monsieur ouvre le frigidaire
Renifle, choisit et se sert.
Gourmand bien plus que la moyenne
Le chat-pardeur a d'la bedaine !

• Un chapardeur est une personne qui commet de petits larcins, de petits vols.

LE CHAT-BICHOU OU CHABICHOU

Nourris au lait depuis l'enfance
Ces chats si doux sont sans défense
Mais comme ils sont vraiment très sages
On n'va pas en faire un fromage.

• Le chabichou est un fromage de chèvre du Poitou.

imagines-tu avec PAON ?

LE CHAT-LUTHIER OU CHALUTIER

Pour une raie ou sole ou thon
Pour un filet plein de poissons
Ou plein de poissons en filets
Il vous échange le chat-luthier
Un ré, un sol et un violon !

• Un chalutier est un bateau équipé pour la pêche au chalut (filet en forme d'entonnoir).

• Un luthier est un fabricant d'instruments à cordes et à caisse de résonance.

LE CHAT-LENT OU CHALAND

Au contraire des chartreux, des siamois
Il aime l'eau et de digue en digue
Lentement comme coquille de noix
Sur les canaux et les fleuves navigue.

• Le chaland est un bateau employé pour le transport de marchandises.

LE CHAT-MALOT OU CHAMALLOW

Prénom Hector, le chat-Malot
Mène une vie sans sa famille.
Il apprécie les Chamallows
Friandise pour ses papilles.

• Hector Malot est un écrivain français. Il est l'auteur de Sans famille.

• Le Chamallow est un bonbon de guimauve.

LE CHAT-LOUPE OU CHALOUPE

Quand par malheur le chalut coule
Le chat-loupe par grande houle
Pour nous sauver est nécessaire
Grâce à sa vue peu ordinaire.

• Une chaloupe est un bateau qui est accroché à un navire pour servir en cas de naufrage.

• Une loupe est une lentille grossissante qui donne des objets une image agrandie.

LE CHAT-TEIGNE OU CHÂTAIGNE

Très agressif, le chat-teigne
Ressemble fort au hérisson.
Sauvage il aime que ça saigne
Et il distribue des marrons.

- *La châtaigne est le fruit du châtaignier.*
- *La teigne est une maladie du cuir chevelu causée par des champignons microscopiques, pouvant entraîner la chute des cheveux. Au sens figuré, une teigne est une personne méchante, hargneuse.*

LE CHAT-MAILLEUR OU CHAMAILLEUR

- *Un chamailleur est une personne qui cherche toujours les querelles.*

Si vous l'envoyez s'amuser ailleurs,
Revient dans vos pattes le chat-mailleur.
Excité, taquin et joueur toujours
Il ne sait pas faire patte de velours.

LE CHAT-ROGNARD OU CHAROGNARD

Félin féroce peu caressant
Le chat-rognard aime le sang
Point de ronron, point de croquettes
Plutôt les os d'une poulette.

• Un charognard est un animal comme le chacal ou le vautour qui se nourrit de bêtes mortes.

magines-tu avec PORC ?

LE CHAT-RUE OU CHARRUE

Peu docile il lance en arrière
Ses deux pattes quand il est colère
Mais il finit par marcher droit
Sur les terres où il est roi.

• *Une charrue est un instrument servant à labourer la terre.*

• *Ruer signifie, pour un cheval, lancer vivement les pieds de derrière, en soulevant le train arrière.*

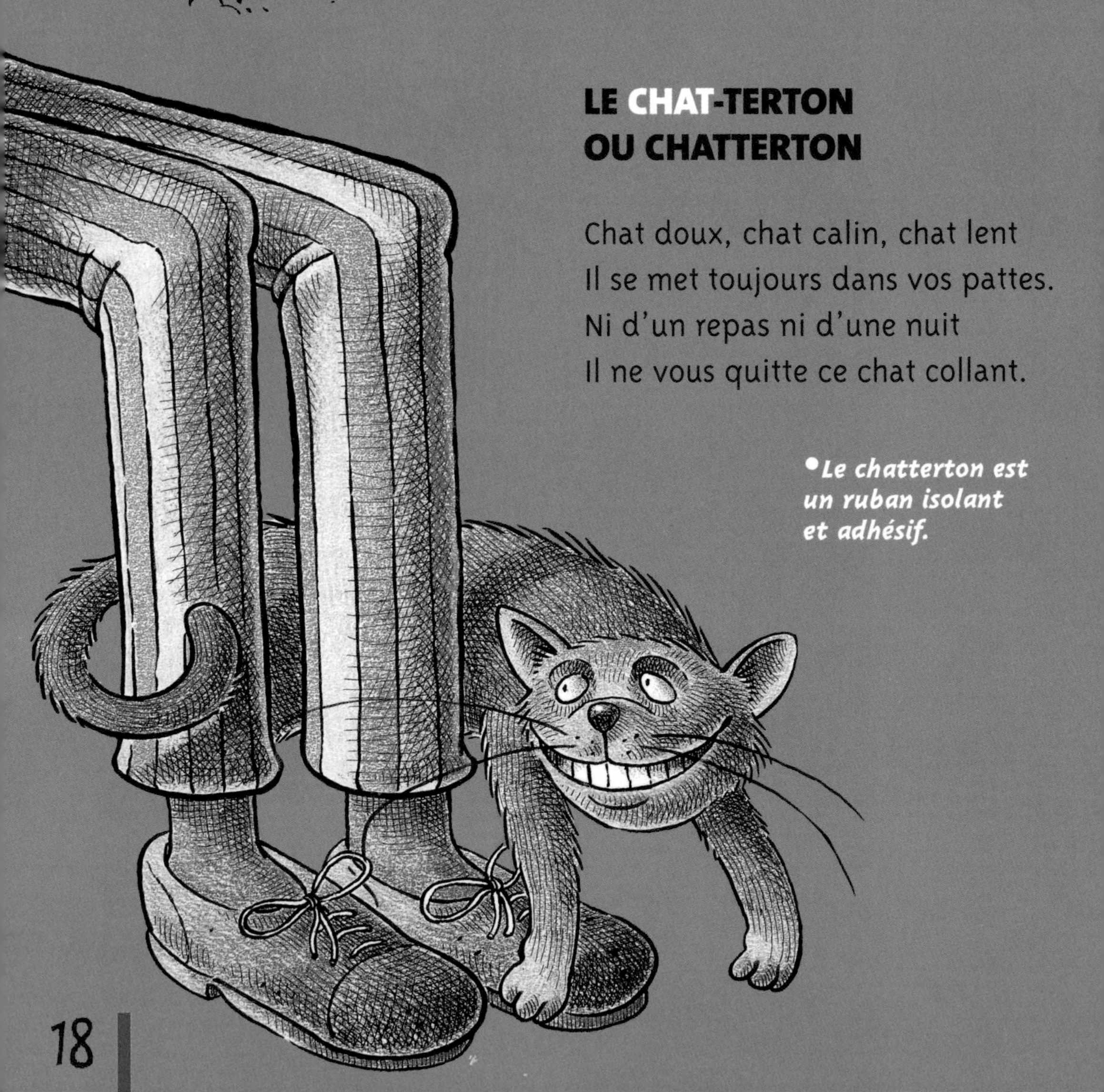

LE CHAT-TERTON OU CHATTERTON

Chat doux, chat calin, chat lent
Il se met toujours dans vos pattes.
Ni d'un repas ni d'une nuit
Il ne vous quitte ce chat collant.

• *Le chatterton est un ruban isolant et adhésif.*

LE CHAT-RADE OU CHARADE

En présence des chaluts ou des chalutiers
Le chat-rade miaule que mon premier
Est un félin, mon second sert de port
Et mon tout se devine sans effort.

• Une charade est une énigme où l'on doit deviner un mot entier (« mon tout ») à partir de différentes syllabes (« mon premier, mon second... »).

• Une rade est un bassin ayant une issue vers la mer et où les bateaux peuvent trouver un bon mouillage.

LE CHAT-PITRE OU CHAPITRE

Vraiment très drôle à plus d'un titre
Il nous amuse le chat-pitre.
Ce curieux chat de gouttière
Rit sous la table des matières.

• Un chapitre est une subdivision d'un livre.

• Un pitre est une personne qui fait rire par ses facéties.

LE CHAT-RABIA OU CHARABIA

Qu'est-ce que c'est, qu'est-ce qu'il y a ?
Quand miaule le chat-rabia
Nul ne comprend ce qu'il désire
Le lard, le cochon ou bien pire,
s'il veut rentrer ou bien sortir !

• Le charabia est un langage incompréhensible.

LE CHAT-PLIN OU CHAPLIN (PRÉNOMMÉ CHARLIE)

Comme le chat-peau, il porte melon
Et sa démarche dandinante
Et sa moustache frissonnante
Amusent filles et garçons.

• Charlie Chaplin est un acteur célèbre pour son personnage de Charlot, reconnaissable à son chapeau melon, ses grandes chaussures, son pantalon en accordéon, sa petite moustache et sa démarche en canard.

LE CHAT-PITEAU OU CHAPITEAU

Fils de la chapelle, le chat-piteau
A vocation de fort des halles
Il vous porterait sur son dos
Mieux qu'un poney ou qu'un cheval.

• Un chapiteau est une tente de cirque. C'est aussi, dans les églises, une partie du plafond.

LE CHAT-PELÉ OU CHAPELET

Chat de curé ou de bonne sœur
Le chat-pelé a très grand cœur
Il a donné jusqu'à ses poils
Et miaule nu sous les étoiles.

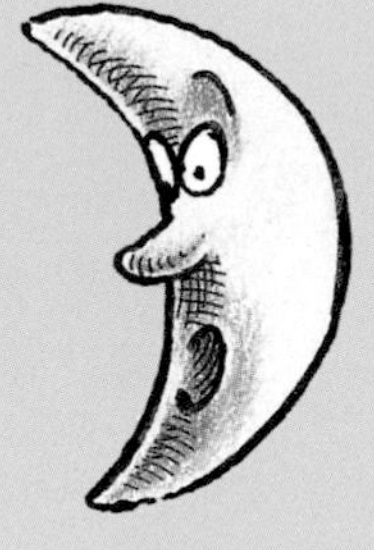

• Un chapelet est un objet de dévotion formé de grains enfilés que l'on fait glisser entre ses doigts en récitant des prières.

• Être pelé, c'est avoir perdu ses poils, ses cheveux.

LE CHAT-TELAIN OU CHÂTELAIN

De noble race il trône, il règne et il surveille
Son logis, son domaine et son jardin d'été
Et gare à ceux, mulots, papillons ou abeilles
Qui s'aventureraient dans ses propriétés !

• Le châtelain est le propriétaire d'un château.

imagines-tu avec TAUPE ?

LE CHAT-RENTAIS OU CHARENTAIS

Comme le persan, le chat-rentais
Se déplace peu sur pattes gantées.
Somnolant, caressant, sa vie s'écoule
Autour du coussin où il dort en boule.

• Les charentaises sont des chaussons en tissu molletonné à carreaux, fabriquées à l'origine, en Charente.

• Un Charentais est un habitant de la Charente : il a la réputation d'être plutôt lent comme les escargots...

LE PAS-CHAT OU PACHA

Comme la plupart des autres chats
Le pas-chat est un pacha
C'est sa nature et c'est comme chat
Pas autrement dans sa datcha !

• Un pacha est une personne qui mène une vie luxueuse.

• Datcha est un mot russe signifiant « maison de campagne ».

imagines-tu avec BOUC ?

LE RAT-DIN OU RADIN

Qu'il soit rat de ville ou bien rat des champs
C'est un rat avare et un rat méchant.
Si sec et si dur est son cœur de pierre
Qu'il n'offrirait pas un trou de gruyère.

• Un radin est une personne avare, qui n'aime pas dépenser son argent.

LE RAT-CHAT OU RACHAT

Ni chat ni rat pour sa conduite.
Ce chat, ce rat toujours hésite
Entre un gruyère même pourri
Et quelques fesses de souris.

• Un rachat est le fait de racheter quelque chose.

LE RAT-MOLLI OU RAMOLLI

Les rats-mollis faute de rat-vitaillement
Deviennent rats-bougris, mous et rats-tatinés.
Leur vie se passe entre deux bâillements,
Des heures à somnoler, la visite au kiné.
Leur corps prenant enfin l'aspect de la rillette
Il faut en appeler au rat-masse-miettes.

- *Une chose ramollie est une chose qui est devenue molle.*
- *Rabougri et ratatiné signifient petit, chétif, desséché.*
- *Le ravitaillement est l'ensemble des vivres et des denrées qui sont fournies à une ou plusieurs personnes.*

LE PIE-THON OU PYTHON

Quelques marins, dans la tempête
Ont prétendu voir cette bête !
Qu'il soit réel ou légendaire
Ce serait un serpent de mer
Ou un oiseau rampant sur terre.

• *Le python est un serpent de très grande taille, non venimeux mais constricteur (il broie sa proie entre ses anneaux avant de l'avaler). Il vit en Asie ou en Afrique.*

LE THON-BEUR OU TOMBEUR

Poisson d'origine maghrébine
Il a séduit toutes les sardines
Les demoiselles et mes cousines !
Est-ce en tchatchant ou en rappant ?
Elles l'ont trouvé vraiment charmant !

- *Un tombeur est un séducteur aux nombreuses conquêtes.*

- *« Beur » est le verlan de « arabe ». Ce mot désigne un jeune Maghrébin né en France de parents immigrés.*

L'ÂNE-THON OU HANNETON

- *Un hanneton est un insecte commun des jardins, au vol lourd et bruyant.*

Coléoptère de mer
Nageant près des récifs
En sabots sur la terre
Bourdonnant dans les ifs
Plutôt doux, caressant
De Terre-Neuve à Ouessant
Il peut en haute mer
Transporter vos affaires
Mais il est si têtu
Qu'il brait pour un fétu !

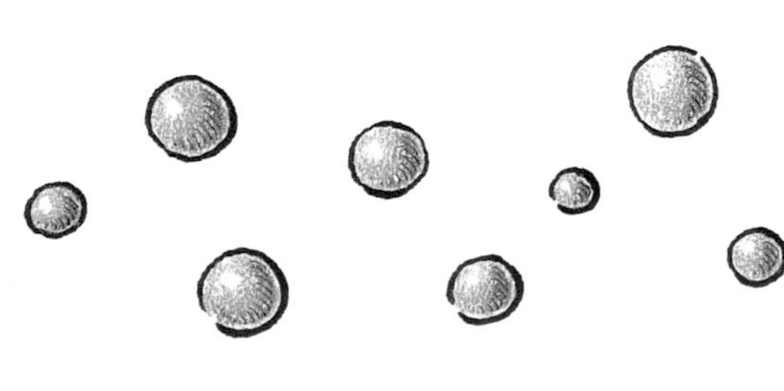

imagines-tu avec ÂNE ?

LA RAIE-PUBLIQUE OU RÉPUBLIQUE

C'est de part le monde un poisson pilote
De la haute mer et jusqu'à la rade
Avec elle ni requin ni despote
Ni empereur ni royale dorade !
Que vive la démocratie
Qu'on soit marteau ou poisson-scie !

• *Une république est une forme de gouvernement où le pouvoir et la puissance ne sont pas détenus par un seul, et dans lequel la charge de chef de l'État n'est pas héréditaire.*

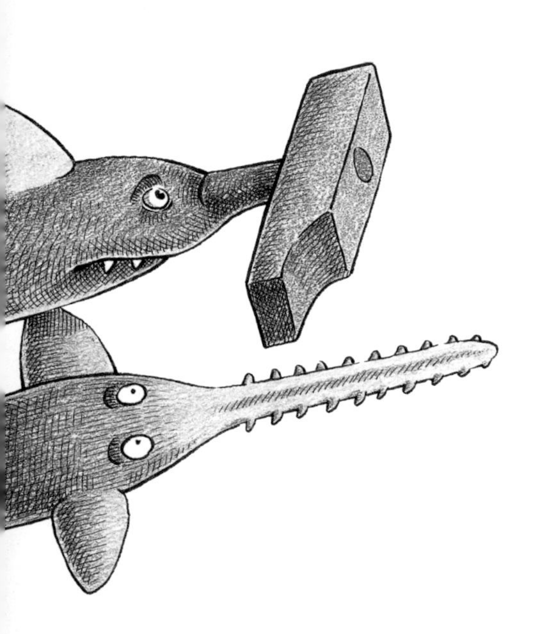

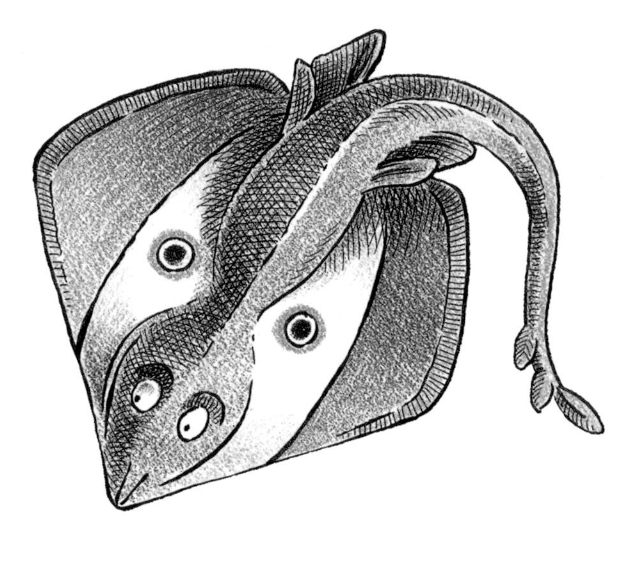

LA RAIE-PIE OU RÉPIT

Quel drôle d'oiseau que cette raie-pie
Nageant, volant entre vague et nuage
Il ne s'accordera aucun répit
Pour commettre ses cambriolages.

• *Le répit est l'arrêt d'une chose pénible, le temps pendant lequel on peut se reposer.*

LA RAIE-NETTE OU RAINETTE

Si je te dis que la rainette
Saute en l'air comme un exocet
Dans les étangs ou dans les bois...
Est-ce que tu me croa-croa ?
Est-ce que tu me crois ?

• *Une rainette est une petite grenouille arboricole, aux doigts munis de ventouses.*

LE POU-BELLE OU LA POUBELLE

« Ce soir tu es la pou-belle pour aller gratter »
Disait un pou à sa mie passant aux aveux.
Et moi, qu'on me pardonne ce jeu de mots raté
Puisqu'il est justement, tiré par les cheveux !

• Une poubelle est un récipient destiné aux ordures.

LE POU-LAID OU POULET

Je ne souhaite à personne de croiser sur sa route
Cet horrible habitant des poils et des moumoutes !
Arthritique, éborgné, boitillant, déplumé,
Il est plus moche encore qu'un vieux coq enrhumé !

• Un poulet est le petit de la poule, de trois à dix mois, de sexe mâle ou femelle.

LE POU-SAINT OU POUSSIN

Fils du pou-laid, ce jeune bambin
N'a rien d'un martyr ou d'un saint,
Sa présence dans les tignasses
Ne gratte pas mais elle agace
Comme si une plume chatouillait
Votre bidon nu ou vos doigts de pied !

• Un poussin est un jeune poulet, nouvellement sorti de l'œuf, encore couvert de duvet.

LA PIE-JAMA OU LE PYJAMA

• Un pyjama est un vêtement de nuit.

Au contraire de la pie sans lit
La pie-jama a nid matelassé
Et passe ses jours en duvet de nuit
À s'y endormir et à jacasser.

LA PIE-SANS LIT OU LE PISSENLIT

• Le pissenlit est une plante herbacée, à fleurs jaunes.

Pauvre pie-sans lit, pauvre pie sans nid
Mais si un jour elle fut bien punie
C'est d'avoir volé le seul bouton d'or
Dans les pissenlits éclos à l'aurore.

LA PIE-PELETTE OU PIPELETTE

La pie jacasse, on en convient
Mais dix fois pire est la pie-pelette
Bavarde même le bec plein
Ell' causerait étant muette !

• *Une pipelette est une personne bavarde.*

LE LOUP-BARD OU LOUBARD

Dans cette banlieue que l'on dit « rouge »
Il n'a pas bouffé le chaperon rouge
Mais il a fauché la galette
Tiré trois fois la chevillette
Et pris la poudre d'escampette.

• Un loubard est un jeune homme appartenant à une bande et affectant un comportement asocial.

LE LOUP-PHOQUE OU LOUFOQUE

Il ne mange et ne mord
Que la peau des harengs.
Habitant du Grand Nord
Il le perd tout le temps.

• Une personne loufoque est une personne au comportement extravagant.

LE LOUP-ANGE OU LOUANGE

« Qui veut faire l'ange fait la bête »
Pour le louange c'est pire encore
S'il veut passer pour une alouette
Il est féroce comme un condor
Et vous bouff'rait sans confession
Le foie, la rate et le croupion !

• Une louange est un témoignage verbal ou écrit d'admiration ou de grande estime.

ET TOI, QUEL ANIMAL IMAGINES-TU ?
RÉPONSES AUX DEVINETTES

(VOICI QUELQUES SOLUTIONS, VOUS EN TROUVEREZ D'AUTRES EN CHERCHANT DANS LE DICTIONNAIRE)

Page 9 : **CANE** : cane-bière (Canebière), cane-vas (canevas), cane-tiers (canetière)
Page 11 : **COQ** : coq-un (coquin), coq-art (coquard), coq-laid (coquelet)
Page 13 : **PAON** : paon-terre (panthère), paon-carte (pancarte), paon-crasse (pancrace), paon-talon (pantalon), cerf-paon (serpent)
Page 15 : **BAR** : bar-barre (barbare), bar-biche (barbiche), bar-botte (barbote), bar-rot (barreau), bar-à-thym (baratin)
Page 17 : **PORC** : porc-trait (portrait), porc-table (portable), porc-thé (portée)
Page 19 : **VEAU** : veau-lumineux (volumineux), veau-lent (volant), veau-câble (vocable), veau-race (vorace), veau-cale (vocale), veau-leurre (voleur)
Page 21 : **TAUPE** : taupe-inambour (topinambour), taupe-pot (topo), taupe-pain (taupin)
Page 23 : **BOUC** : bouc-an (boucan), bouc-ânier (boucanier)

ET TOI, QUEL ANIMAL IMAGINES-TU ? (SUITE)

Page 25 : **TIQUE** : média-tique (médiatique), mousse-tique (moustique), matez-ma-tique (mathématique), monnaie-tique (monétique), robot-tique (robotique)
Page 27 : **ÂNE** : âne-niais (ânier), païse-âne (paysanne), âne-notation (annotation)
Page 29 : **CERF** : cerf-sot (cerceau), cerf-veau (cerveau), cerf-vent (servant), cerf-feuille (cerfeuil), cerf-mont (sermon), cerf-paon (serpent), cerf-m'man (serment), cerf-pantin (serpentin), cerf-rhum (sérum), cerf-vis (service), cerf-thym (certain)
Page 31 : **LOTTE** : lotte-tir (lotir), lotte-us (lotus), lotte-tisseuse (lotisseuse)
Page 33 : **FAON** : faon-tome (fantôme), faon-freluche (fanfreluche)
Page 35 : **MOUCHE** : mouche-art (mouchard), mouche-âge (mouchage), mouche-thé (mouchetée)

L'ENTRE-CHAT LE CHAT-CHA-CHA LE CHAT-LUMEAU
TOUILLE LE CHA LE CHAT-PON
LE CHAT-LENT -LOUPE LE C

CHAT-RUE LE C ADE LE CHAT-
CHAT-PELÉ LE CHAT-TELAIN LE CHAT-RENTAIS LE PA
THON LE THON-BEUR L'ÂNE-THON LA RAIE-PUBLIQ
LAID LE POU-SAINT LA PIE-JAMA LA PIE-SANS LIT
LOUP-ANGE L'ENTRE-CHAT LE CHAT-CHA-CHA LE C
HUT LE CHAT-TOUILLE LE CHAT-MOT LE CHAT-OURS
CHAT-LUTHIER LE CHAT-LENT LE CHAT-MALOT LE
CHAT-ROGNARD LE CHAT-RUE LE CHAT-TERTON LE C
LE CHAT-PITEAU LE CHAT-PELÉ LE CHAT-TELAIN LE C
RAT-MOLLI LE PIE-THON LE THON-BEUR L'ÂNE-THO
POU-BELLE LE POU-LAID LE POU-SAINT LA PIE-JAM
LOUP-PHOQUE LE LOUP-ANGE L'ENTRE-CHAT LE CH
RIVARI LE CHAT-HUT LE CHAT-TOUILLE LE CHAT-M
CHAT-BICHOU LE CHAT-LUTHIER LE CHAT-LENT LE C
MAILLEUR LE CHAT-ROGNARD LE CHAT-RUE LE C
RABIA LE CHAT-PLIN LE CHAT-PITEAU LE CHAT-PELÉ
DIN LE RAT-CHAT LE RAT-MOLLI LE PIE-THON LE TH
LA RAIE-NETTE LE POU-BELLE LE POU-LAID LE POU
LOUP-BARD LE LOUP-PHOQUE LE LOUP-ANGE L'ENT
GRIN LE CHAT-RIVARI LE CHAT-HUT LE CHAT-TOUIL
PARDEUR LE CHAT-BICHOU LE CHAT-LUTHIER LE CH
GNE LE CHAT-MAILLEUR LE CHAT-ROGNARD LE CH
LE CHAT-RABIA LE CHAT-PLIN LE CHAT-PITEAU LE CH
LE RAT-DIN LE RAT-CHAT LE RAT-MOLLI LE PIE-THO
RAIE-PIE LA RAIE-NETTE LE POU-BELLE LE POU-LAI
PELETTE LE LOUP-BARD LE LOUP-PHOQUE LE LO
LUMEAU LE CHAT-GRIN LE CHAT-RIVARI LE CHAT-
CHAT-PON LE CHAT-PARDEUR LE CHAT-BICHOU LE C
LOUPE LE CHAT-TEIGNE LE CHAT-MAILLEUR LE CHA
RADE LE CHAT-PITRE LE CHAT-RABIA LE CHAT-PLIN L
RENTAIS LE PAS-CHAT LE RAT-DIN LE RAT-CHAT LE R
RAIE PUBLIQUE LA RAIE-PIE LA RAIE-NETTE LE POU-
SANS LIT LA PIE-PELETTE LE LOUP-BARD LE LOUP-
CHA LE CHAT-LUMEAU LE CHAT-GRIN LE CHAT-RIV
CHAT-OURS LE CHAT-PON LE CHAT-PARDEUR LE CH
MALOT LE CHAT-LOUPE LE CHAT-TEIGNE LE CHAT-MA
TON LE CHAT-RADE LE CHAT-PITRE LE CHAT-RABIA
TELAIN LE CHAT-RENTAIS LE PAS-CHAT LE RAT-DIN L
L'ÂNE-THON LA RAIE-PUBLIQUE LA RAIE-PIE LA RA